AF350991

O Mundo Alquímiu

"Fábulas Poéticas"

O Rouxinol

Alquímius Tórridus

Prefácio

O Mundo Alquímiu, colecção de obras poéticas onde, Alquímius Tórridus,(autor) nos leva por experiências quotidianas comuns a todos nós, num mundo fictício criado através de palavras.

Fábulas Poéticas é o segundo livro publicado pelo autor, dividido em 5 estórias, com a "intensidade Alquímia" já descrita no seu primeiro título, "Do Fundo do Baú", que dá início a esta colecçao literária.

Rouxinol, o início desta aventura, personifica emoções e sentimentos, bem como questões de desenvolvimento pessoal em tom simples, de leitura acessível a todos, mantendo, contudo, a complexidade presente na mente humana em suas analogias e comparações.

Tal como em muitas outras obras literárias, não é esperada qualquer comparação com a "realidade diária" de cada um, mas sim o entendimento do contexto poético nela presente.

"É no silêncio profundo, que se ouve
a mais alta
das vozes."

Alquímius Tórridus

"Aquilo que se dá com uma mão,
dificilmente se recupera com
duas..."

Alquímius Tórridus

Parte I

"O Canto do Rouxinol"

Canto à lua e ao manto da noite que cobre a nua presença de mim!

Canto para que se oiça o pranto sarado que, agora, pode emergir do fundo de um poço, que outrora inundava de vida o campo, silvestre e virgem, à sua volta.

Canto para Ti, para que saibas o que sinto e que não minto, quando digo que tudo é teu, se o quiseres assim...

Canto com garra, como uma onda que atinge a barra e salta ao sabor do vento, que nele traz tantos outros cantos de alegria e alento.

Canto sem me cansar, porque do meu ínfimo vem a força, que minha voz transporta aos sons que emite, mostrando não haver limite pra vontade que de dentro vem e se expande, no exterior do ser, como os raios de sol na manhã campestre.

Canto para Te alegrar e para te lembrar, que há algo bonito, debaixo deste fato esquisito, pelo qual vale a pena descobrir o Mundo que ainda não vês, mas que vislumbras alcançar.

Canto mais uma vez, a nossa música sem tom, sem ritmo e sem batida, para que ao ser ouvida, permita sentir o que sinto, quando te imagino e te construo, num compasso ténue e delicado sem tacto, cego e mudo.

Canto às estrelas e conto-lhes o quanto és bela, uma flor aberta, a tinta de uma tela sem a qual o pintor, sua arte, não cria, pois sentido não teria, existir sem essência, sem alma e sem corpo, inanimado, morto, como um objecto sem propósito, exposto as marcas do tempo!

Canto aos pássaros e juntos numa orquestra, uma sinfonia mestra ecoará em todos os céus, mares e terras, fazendo as mais temíveis feras sucumbir à doce melodia que inunda agora o dia.

Canto ao Sol e canto à Terra, pois Pai e Mãe nunca se nega e com meu canto afasto a Treva que o raiar da manhã leva, pra onde a luz cessa e sua filha à vida traz, essa penumbra voraz, à espreita, pronta pra de volta, trazer o manto da noite coberta de pranto...

E se tantas vezes Te interrogavas do porquê, agora sabes...

É por tudo isto que, Eu canto!

"Na verdade, só quando fechamos
os olhos, conseguimos ver
mais além..."

Alquímius Tórridus

Parte II

"O voo do Rouxinol"

Bato as asas levemente, com a brisa que me leva, suave e calmamente, por entre as nuvens no céu azul, deixando-me subir a pouco e pouco, até perder de vista o chão mosto verdejante...

Bato as asas e voo... Voo alto e pra longe, não que a distância importe, ou que a altura enjoe, por isso sigo, destemido, de peito inchado ao vento e asas abertas a viver o momento.

Bato as asas e voo livre, como se nada, neste Mundo viva, exista ou aconteça, em uma regra que não obedece a matéria ou doutrina, passo de dança ou rotina. A planar alto, liberto, a descoberto numa perspectiva diferente, uma visão precisa e crente, que só o bater das asas, levemente, a poderia tornar assim...

Bato as asas e não paro, com o vento por companheiro de feição o dia inteiro, não há razão para não voar.

Bato as asas de alegria, no primeiro raiar do dia. Este calor que emana paz, a meu corpo inteiro traz serenidade, traz calma e com um tom de vaidade toda a dedicada beleza, na natureza, aflora e se torna parte de um todo imenso, que aos olhos de muitos é impossível de vingar.

Bato as asas e enalteço os céus, de peito feito, lançado, como armadura envergada no corpo de um guerreiro, minhas asas abraçam o azul por inteiro. Invencível, temível, desejável e admirado por todos os que sonham um dia a Ele ascender.

Bato as asas, quando está frio, pra dar calor ao corpo, que nesta tormenta da vida, o nosso tempo é pouco e não deixo que o inverno apague a chama que em mim arde, por vontade ou sorte, que o não bater das minhas asas é o Meu lugar em Morte...

"Por vezes voltar atrás,
é a única
forma de   andar pra frente."

Alquímius Tórridus

Parte III

"A liberdade do Rouxinol"

Livre como o Mundo, em asas leves que me guiam e protegem, dos mal-ventos do destino, com o bico pequenino, corto as linhas finas que me amarram e me prendem onde não pertenço e não quero ficar!

Livre, sem dono nem propósito, adorno, pois em mim reside a força de voar alto e descobrir, no fundo do meu ser, a verdadeira essência do querer, não fazendo dele o fim livre da vontade, quem sabe… A verdade é que sigo, por sorte do destino, a brisa quente de ventos soleiros, que em tantos outros terceiros só mexe em contratempo.

Livre vou ao meu compasso, sem sucesso ou fracasso, pois daí não vem o caso nem tão pouco a razão, mas cuidado, bem focado na tormenta, se vier, atento ao fado, que nem sempre os dados rolam para o lado que se quer.

Livre sou, livre serei. Mesmo não sendo príncipe ou Rei, em meu poder está a maior das riquezas, o artefacto de mais valor, que nem povo nem nobreza, muito menos o momento, me pode tirar ou arrancar de dentro. A liberdade de ser livre, de esticar as asas e voar, sem tempo, sem caminho, eternamente um menino. Livremente preso numa realidade linda de felicidade abundante.

Livre de alma e coração, fiel a mim e só a mim fiel, não julgo nem condeno. Pois deixaria de ser livre se me apegasse a uma escolha comum, livre num mundo de jaulas que proclamam liberdade e igualdade em troca da prisão do pensamento.

Indice